献给我的侄女黑兹尔。

——汉娜 · 威尔逊

著作权合同登记号：图字13-2024-035号

图书在版编目（CIP）数据

小孩也会有烦恼 ： 儿童心理健康成长指南 / （英）汉娜•威尔逊文 ；（英）萨玛拉•哈迪图 ； 漆仰平译. 福州 ： 福建少年儿童出版社，2024. 7. -- ISBN 978-7-5395-8704-2

Ⅰ. G444-62

中国国家版本馆CIP数据核字第2024K4H550号

XIAOHAI YE HUI YOU FANNAO ERTONG XINLI JIANKANG CHENGZHANG ZHINAN

小孩也会有烦恼：儿童心理健康成长指南

著　　者：[英] 汉娜 · 威尔逊　文　[英] 萨玛拉 · 哈迪　图　漆仰平　译
出 版 人：陈远
出版发行：福建少年儿童出版社
社　　址：福州市东水路76号17层（邮编：350001）
选题策划：洛克博克
责任编辑：邓涛
美术设计：耿园园
电　　话：010-53606116（发行部）
印　　刷：北京华联印刷有限公司
开　　本：787毫米 × 1092毫米　1/12
印　　张：10⅔
版　　次：2024年7月第1版
印　　次：2024年7月第1次印刷
ISBN 978-7-5395-8704-2
定　　价：100.00元（全4册）

儿童心理健康成长指南①

[英]汉娜·威尔逊 文 [英]萨玛拉·哈迪 图 漆仰平 译

小孩也会有烦恼

海峡出版发行集团 THE STRAITS PUBLISHING & DISTRIBUTING GROUP | 福建少年儿童出版社 FUJIAN CHILDREN'S PUBLISHING HOUSE

目　录

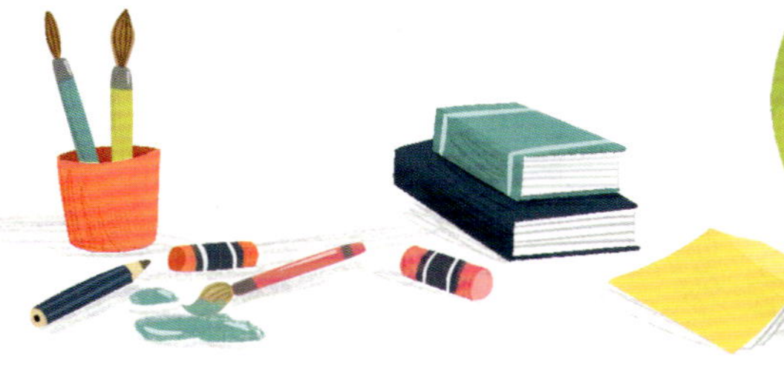

前　言

担心是在某种特定情况下产生的一种不舒服的感觉，可能是对雷雨天气感到恐惧，也可能是在医院就诊时感到紧张。人人都有担心的事，大大小小、各种各样。你可能觉得有些担心挺愚蠢，其实不然。担心是很有必要的，它会阻止我们去做一些事情。

担心是我们日常生活中的一部分，我们不可能完全摆脱它，但可以不被它所左右。面对担心，最好的处理办法是与你信任的成年人交流、沟通，在这本书里我称之为“你身边的大人”。他们可能是你的爸爸、妈妈，或者其他照顾你的人。你可以向他们倾诉所有的事情。把担心的事情描述出来并不容易，不过你一旦说出自己的感受，就会得到大人的赞许和温暖的拥抱，这种体验美妙无比。聊聊让你难熬的那些问题吧，别让担心影响快乐！

如果我感到悲伤，怎么办？

你能发现自己很悲伤，并且想要解决这个问题，是好事。每个人都有悲伤的时候，悲伤是人类正常的情绪，就像愤怒和快乐一样。但这感觉不好，对吧？你知道是什么让你感到悲伤吗？你可以试着转移注意力，听一首歌，看一部动画片，或者走到户外，感受自然的力量。有时候，你需要的只是耐心，等待悲伤慢慢褪去。在等待的过程中，去做些让你快乐的事吧！

如果我的泰迪熊丢了，怎么办？

如果你最喜欢的泰迪熊不见了，你一定会感到很伤心。没关系，想想办法去找泰迪熊吧。你能在哪里找到它呢？有人能帮忙吗？如果依然找不到，那就想象着泰迪熊正在经历一场激动人心的冒险。希望有一天，泰迪熊回到家后，可以给你讲讲它的冒险经历！

如果我害怕烟花，怎么办？

你是害怕巨大的爆炸声吗？那声音确实能把人吓得蹦起三丈高！快戴上厚帽子或耳罩吧。别怕，它不会伤害你。你是怕烟花燃起的火焰吗？其实，它们在很遥远的地方，也不会伤害到你。

你是怕黑暗或熙熙攘攘的人群吗？和你身边的大人说说你的担心，看看有什么办法能让你不再那么害怕。或者你可以直接依偎在家人怀里，一起欣赏美丽的焰火。我想那灿烂的景色一定会令你开心起来！

如果电视里的怪物来抓我，怎么办？

在现实生活中，怪物是不存在的。它只存在于电视节目制作人或作家的想象中。如果你发现一个怪物正在你的脑海中游荡，那就让它走开！如果它仍然困扰你，不妨让你神奇的大脑运转起来。我正想象我眼前的那头傻怪物穿着一件脏兮兮的睡衣在“果冻湖”里游泳。你能想到什么呢？

如果狗狗朝我跑来，怎么办？

别怕，站在原地，保持冷静。如果你突然喊叫或慌张地跑开，狗狗可能以为你想和它玩，反而会来追你。狗狗可能只是闻闻你，然后就会走开。大多数狗狗都很友好，如果你想摸摸它，就先问问你身边的大人或者狗狗的主人吧！

如果我和大人走散了，怎么办？

事先做好计划，才能临危不乱。如果在公园里迷路了，该怎么办呢？你可以事先和大人约定好，如果找不到对方，就回到某个地方见面。一般来说，最好待在原地，同时大声呼喊你的家人，他很快就会找到你的。如果你等了很久大人还没出现，那就找一个身边有孩子的成年人，告诉他你需要帮助。

如果我从滑板车上摔下来，怎么办？

哎哟！小可怜！先做个深呼吸。你现在感觉好些了吗？我摔倒时也会被吓一跳，虽然不怎么疼，不过还是有点儿想哭。如果你觉得哪儿摔疼了，要告诉你身边的大人。如果没有，那就站起来，继续去玩滑板吧。别让一次跌倒阻拦你享受美好的时光！

如果我得去检查牙齿，怎么办？

定期检查牙齿是好习惯。牙科诊室有点儿像宇宙飞船——乳白色的墙面，闪闪发光的仪器，到处都很酷！看见那个铺着大垫子的躺椅了吗？那是给你准备的飞船座椅，快跳上去吧。椅子能向后仰，还能升起来——好玩极了！

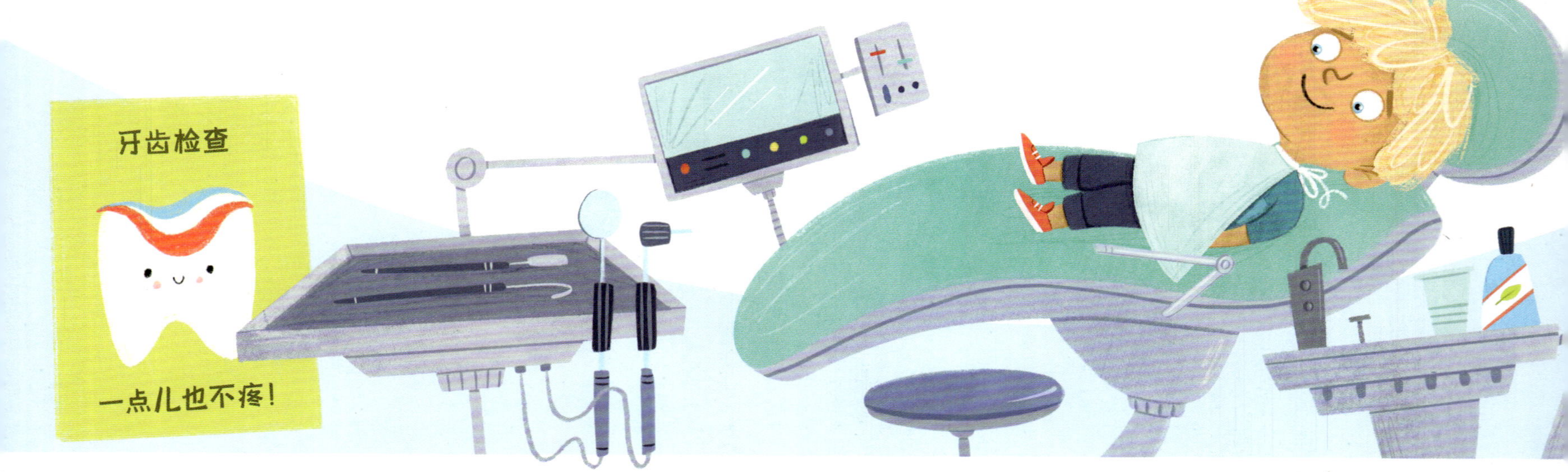

如果我需要理发，怎么办？

剪发可以让你的头发更健康，但理发店通常是个环境嘈杂的地方。你可能会感到不安，告诉身边的大人或理发师，请他们给你安排在一个相对安静的地方，这也许能减轻你的焦虑。好了，我们去理发店吧！

首先，你要围上一件长“斗篷”，头发留在“斗篷”外面。先洗洗头发，太棒了！靠在水盆上，闭上双眼，享受温暖的水流和洗发露散发的香甜气味吧。

张大嘴！牙医在检查牙齿时，通常会用到一种带把手的镜子，它叫作口腔内窥镜。看见牙医佩戴手套和口罩了吗？这样做可以阻止细菌进入你的口腔。我敢打赌，你每天都刷两次牙，所以每颗牙齿都很健康。

全部完成！现在，你可以用薄荷味漱口水清洁口腔了。清洗后的漱口水要吐到椅子旁边的小水槽里。如果足够幸运的话，你也许还会得到一张贴纸哟！

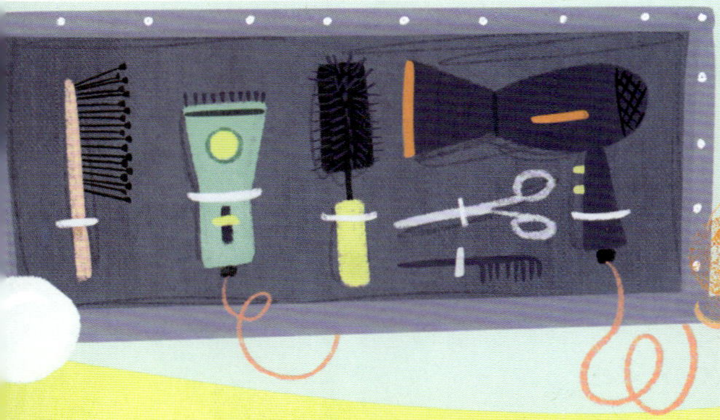

吹风机吹出一股暖风，它闻起来就像一团甜奶油。你现在看上去精神又漂亮，可以回家啦！

这是旋转椅！理发师踩一下踏板，座椅就会升高一点儿，再升高一点儿！理发师的操作很娴熟，你轻轻松松地坐着就行，千万别乱动。理发师会轻柔地摆动你的头，方便剪掉不同部位的头发。如果你想把头发剪得非常短，理发师可能会用上推子。如果你感觉有点儿痒，尽量别傻笑哟。

如果我害怕上学，怎么办？

学校是帮助你学习知识、了解世界的地方。但学校和家里大不一样，很多小朋友都不愿去上学。这是你第一次去学校吗？还是要转到新的学校呢？学校令你感到不安吗？无论怎样，来聊一聊学校里那些有意思的事吧，这样才会对你有帮助！

进入校门后，你要向老师说“早上好”。我敢打赌，你会得到同样热情的回应！现在，请把你的外套和书包挂起来，并将水壶放好。如果你不知道这些东西该放在哪里，就去问问老师。老师会照顾你，还会耐心解答你所有的问题。

你认为上学最不开心的事是什么？

当然是和家人道别。给家人一个大大的拥抱，他们一定会欣慰地笑起来。想想看，过不了多久，你又能见到他们了。你在学校要做的事情多着呢，根本没时间去想念你的家人。

教室里有什么？有益智玩具和书？还有很多小朋友？如果你不认识任何人，那就主动告诉他们你的名字，慢慢开始熟悉他们，很快你就能交到新朋友了。你饿了吗？午餐时间马上就到啦！

吃过午饭，你可能会有些疲倦。你可以稍稍打个盹儿，睡个午觉，这样你才有精力完成下午的课程。时间过得很快，转眼就到了放学时间。一回到家，立马给家人一个拥抱吧！告诉他们你经历了多么开心的一天。他们会为你感到骄傲！你自己感觉怎么样？

如果没人想跟我玩，怎么办？

你一定会觉得很难过吧。但如果你去操场上转一转，一定能找到愿意和你一起玩的小朋友。他们中有人在踢球或者玩游戏吗？谁拿着玩具呢？试着问问看，你是否可以加入他们。如果他们拒绝你，那表明他们不太容易相处。你可以去找其他人玩，或者自己开启一个新游戏，说不定有人想加入你呢。如果你依然觉得有点儿奇怪（这种情况很常见），那就跟老师说说吧。老师肯定有办法让你的游戏时间更加愉快美好。

如果我在学校迷路了，怎么办？

在学校这样人多、教室多的地方，如果你迷路了，该怎么办呢？放心，学校里到处都是热心肠的老师，他们会保证你的安全。你只要找到一位老师，他可能会问一些问题，比如：“你在哪个班级？”“你的老师是谁？”或者“你叫什么名字？”然后老师就会为你指引正确的方向或者陪你回到教室。

如果我在学校犯错了，怎么办?

几乎所有的孩子都受到过老师的批评。这种感觉可能很糟糕，但当老师指出你的错误后，你同时也得到了一个改正错误的机会。你知道自己当时为什么会犯错误吗?是无聊、心烦、困惑，还是累了呢?把你的感受告诉老师吧，他们下次就可以在问题出现之前帮助你了。

如果有人对我不友好，怎么办?

人们在愤怒、悲伤或沮丧的时候，总会做出一些不友好的事，或说出不友善的话。他本不是这个意思，但你会觉得糟糕透了。你可以对这位不友好的小朋友说："你这样做不太好。"如果他仍然乱发脾气，那你就立刻走开，别理会他。如果你仍然能在他面前保持冷静，你会为自己感到骄傲的。但如果有人经常对你不友善，甚至伤害你，那一定要告诉身边的大人。

如果我的朋友不和我分享他们的玩具，怎么办？

你可以等他们不玩时，礼貌地询问是否可以玩一下。换作是你，能把自己的玩具借给你的朋友吗？如果你的朋友坚持不借给你，这也没关系，你不能强迫别人，只能控制自己。如果你总是分享自己的玩具，也许你的朋友也能像你一样学会分享。你能告诉他们为什么你觉得分享非常重要，而且能收获很多乐趣吗？

如果我的晚餐很恶心，怎么办？

我敢打赌，根本没那么恶心！再尝尝看，现在感觉如何？是像奶油一样软软的，还是嚼起来脆脆的？你能猜出食物的成分吗？丰富的食物能为你的身体提供多种营养物质，这样你才能健康成长。从现在开始，做个美食探索家吧。你会发现，多尝试一些新鲜的食物，能改变你挑食的坏习惯。那些小绿树（是西兰花！）很快就会变成美味！

如果我怕黑，怎么办？

想象此刻正有一个球绕着你的床头灯旋转，就像地球总是围绕太阳旋转一样。面向灯的那一面被照亮，另一面则是漆黑一片。所以你不必担心黑夜，它只是没有接收到太阳光而已。

你能想出黑夜的好处吗？想象漆黑的夜空里有皎洁的月亮和闪烁的群星，一定很美吧。

黑暗会给你的大脑传递信号——你该休息了，所以你会在黑夜睡得更好。黑暗就像一条毯子，在夜晚包裹着你。如果你需要放松，试试“肚子气球法”。平躺下来，手放在肚子上。慢慢吸气、呼气，你的肚子会像气球一样膨胀和收缩。现在，你平静一些了吗？

如果我遇到雷雨天，怎么办？

这是天空奉献的一场壮观的表演，你会看到一场免费的天光秀！那些噼啪声和隆隆声是由一道道闪电引起的。闪电快速加热周围的空气，空气突然膨胀后，就会发出轰鸣声。因为光比声音传播得快，所以你会在听到雷声前先看到闪电。

如果有人冲我大喊大叫或发脾气，怎么办？

如果有人冲你大喊大叫或者说脏话，你可能会非常震惊，尤其是成年人那样做的时候。人不是完美的，每个人都会有心烦意乱的时候。当他气愤时，你悄悄走开就好，给他一些空间和时间让他冷静下来。他应该为自己的行为感到抱歉，而不是你。

如果书里的画面很吓人，怎么办？

你和大人一起看图画书的时候，会突然翻到很吓人的画面吗？它们在现实中存在吗？如果是龙，你就不用紧张了，龙是虚构的，在现实生活中并不存在！

如果是一张真实的照片，比如老虎或蛇，那你就勇敢点儿。仔细看一看它们的爪子或鳞片的样子，再想想这些神奇的动物是怎样觅食或行动的，这也许会帮你消除恐惧。如果你仍然觉得照片很吓人，那就不要看了。

如果我的颜料把桌子弄脏了，怎么办？

即便你是不小心画上去的，也要向大人坦白。记得说声对不起，然后和大人一起清理。大人可能会有些生气，你可以试着理解其中的原因——也许桌子是新的，而你画的狒狒屁股很难擦掉！但我保证，只要你勇敢承认错误并表示歉意，大人不会生气太久的，他们还会为你感到骄傲。

如果我得去体检，怎么办？

每个人都会生病，体检能帮你判断你的身体是否健康。体检很简单，也不会花费太长时间。如果医生认为你的身体状况不佳，需要服用药物或者接受其他治疗，他会告诉你的家人。

好了，让我们来看看医生的工作和这些酷酷的医疗器械吧。

先来测测你的体重吧，再走到测量杆前，看看你有多高。

这是听诊器。医生会把听诊器一端的金属圆盘放在你的胸口处，再通过另一端的耳塞听到你的心跳和肺部的声音。

大大的耳镜好酷啊！耳镜前端有一个放大镜和一盏灯，它们可以帮助医生观察耳朵内部。

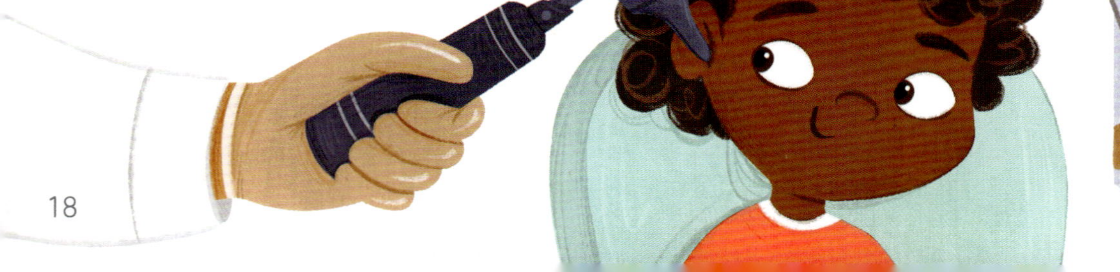

是棒棒糖！不过只有小棒，没有糖！医生会用这根压舌板轻轻地压住你的舌头，再用医用手电筒照亮你的口腔。这样医生就能看清你喉咙的状况了。

如果医生拿出锤子，不要慌，这是橡胶做的，不会把你弄疼。用它轻轻地敲你的膝盖，你的小腿就会自己踢出去！这叫作膝跳反射，太酷了！

医生会用温度计对准你的前额，或者把它轻放在你的耳蜗里，你的体温就显示在电子屏上啦。

所有检查都结束了，谢谢医生！现在，你可以回家啦，给你的泰迪熊也做个体检吧。

如果电梯坏了，怎么办？

年久的机器会出现故障，需要定期维修。如果电梯在运行过程中突然停下，不要慌，你可以按下警报按钮呼叫电梯管理员。很快，管理员会帮你重新启动电梯。你在电梯里等待的时候能干点儿什么呢？玩玩猜拳游戏，或者唱一首儿歌怎么样？

如果没人接我放学，怎么办？

大人并没有忘记你，他们只是迟到了——也许是路上堵车了，或者你的狗狗又叼走了车钥匙。老师会给你的家人打电话，问清还需要多久才能来接你。你可以在教室或老师办公室等待，顺便找点儿好玩的游戏打发时间吧。

如果我害怕穿着人偶服装的人，怎么办？

你说的是万圣节的服装吗？谁看了都会被吓一跳！但女巫、骷髅和吸血鬼并不是真实存在的。事实上，他们的扮演者也想早点儿摘下那令人发痒的面具，脱下汗津津的衣服。

你看到商场门口的“大毛熊”了吗？事实上，那些都是大人穿着人偶服装扮成的。下次遇到了，一定试着和他们挥挥手打招呼，你一定会得到热情的回应的。

如果我的膝盖擦伤了，怎么办？

伤口可能会有一点点儿疼，但很快就会好起来的。大人会帮你清洗伤口，并为你涂上防止细菌感染的药膏。轻微的擦伤并不需要打石膏，有“痂”的保护就可以了。痂是一层坚硬的膜，在伤口愈合的过程中起保护作用。别去抠！痂会逐渐脱落，直到你的皮肤完全恢复。

如果游泳时水进入我的眼睛，怎么办？

游泳时，你的全身都会沾满水！水不会伤害你，但如果进入你的眼睛，会让你感到不太舒服。别使劲揉眼睛，慢慢地眨眨眼，试着把水从眼睛里排出去就好啦。

你用过泳镜吗？游泳时戴上泳镜会舒服很多，还能看到神奇的水下世界。练习将头扎入水中，戴不戴泳镜都可以。别着急，按照你的节奏进行练习，一切由你决定。

首先，你要学会憋气，这一步可以在岸上反复练习。接下来，试着在水中吐气。用不了多久，你就能像潜水艇一样把整个脑袋都潜入水中了！

别害怕学习新本领，更不要拒绝拥有新体验，比如仰在水面上或在水下吹泡泡。你可以按照自己的进度学习，相信你会成长得很快。救生员、游泳教练和你身边的其他大人会保证你的安全。

很快，你就会像一条鱼一样欢快地前进了！

如果我没及时赶到厕所，怎么办？

出门前先去厕所，因为出门在外，可能一时找不到厕所，尽管你身边的大人会帮你找到。不过，你如果想上厕所，应该提前告诉大人，这样就不必像猎豹那样为了“目标”一路狂奔了！

如果你不小心弄湿了裤子，没必要难过。虽然这确实让人沮丧，但每个人小时候都会遇到这种情况。大人会帮你清理干净，再找来干爽的衣物给你换上，你很快就会舒服起来的。

如果我不敢自己睡觉，怎么办？

你的妈妈、爸爸和你身边的其他大人都很爱你，但是在你睡着的时候，他们不得不暂时离开你。大人也需要休息，更重要的是，他们想让你习惯一个人睡觉，虽然这对你来说很难熬，但却是你成长过程中很重要的一部分。你为什么怕一个人睡觉呢？

是怕黑吗？你可以把你卧室的门敞开一些。还是因为你怕独自一人？你其实并不是独自一人，你的家人就在隔壁。你能听到他们的声音吗？抱紧你心爱的泰迪熊，和它依偎在一起，你绝对不是独自一人。现在跟我一起，闭上眼睛，想象眼前出现一幅优美的画面：高耸的金色沙堡怎么样？晚安！